Laurent La Gamba

Portraits et Autoportraits

1998 - 2001

Laurent La Gamba

Portraits et Autoportraits

1998 - 2001

Copyright © Laurent La Gamba, 2014

ISBN: 978-1500779665

Matisse Avenue Books

LAURENT LA GAMBA

PORTRAITS ET AUTOPORTRAITS

1998 - 2001

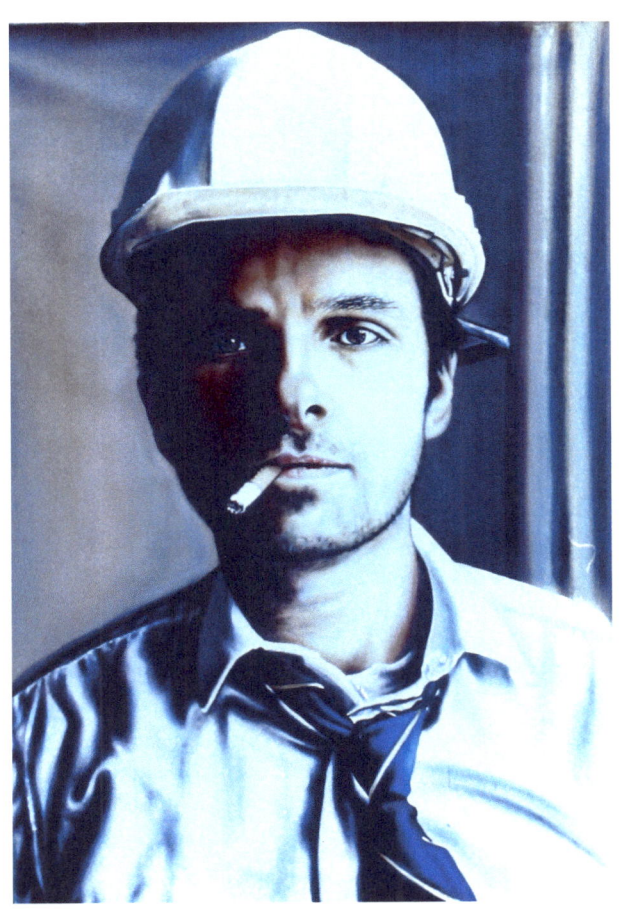

Matisse Avenue Books

Présentation

Le peintre Laurent La Gamba traite ici du thème de l'autoportrait sous un angle à la fois politique, polémique et satirique. Pour l'artiste, l'autoportrait sert une mise en scène dichotomique et symétrique des stéréotypes qui s'attachent à l'identité occidentale.

Ces œuvres sur toile s'organisent ainsi autour des stigmates, marqueurs visuels socioculturels simplistes, que relaie la médiasphère.

L'artiste inventorie ainsi tout un panthéon de codifications physiques à travers une série de schématisations vestimentaires qui illustrent la division fondamentale, constitutive et précaire du Moi.

Cet inventaire, Laurent La Gamba le pousse jusqu'à l'absurde, portant à son comble l'absurdité même des typologies, en explorant picturalement ces différentes possibilités d'identification.

L'obsession occidentale de changer de corps, de modifier son apparence se voit ici mise en parallèle avec l'action destructrice des identifications successives qui conduisent à la constitution même de l'individu.

Par cette mise en regard arbitraire, en apparence irrationnelle, l'artiste lève ainsi le voile sur le corps fantasmatique qui métamorphose la différence en stigmate.

Laurent La Gamba

Portraits et Autoportraits

1998 - 2001

Autoportrait au rasoir et appareil photo, 2000, acrylique sur toile, 190 x 150 cm

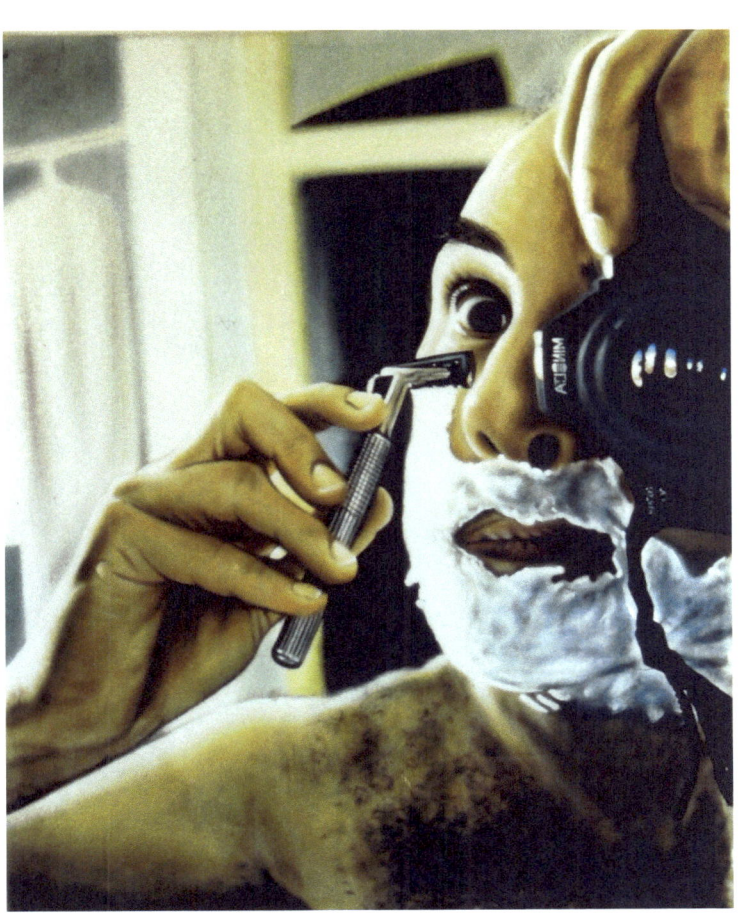

Autoportrait en Team Rocket, 2000, acrylique sur toile, 200 x 150 cm

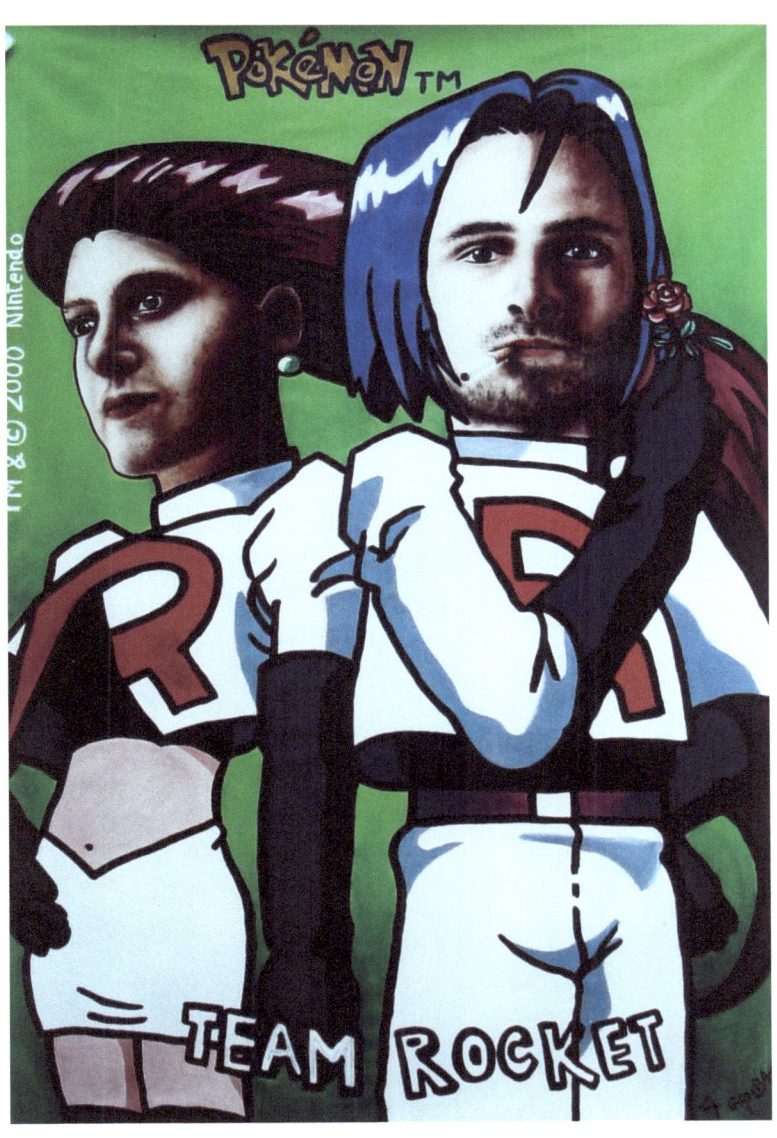

Autoportrait en architecte, 1999, acrylique sur toile, 220 x 150 cm

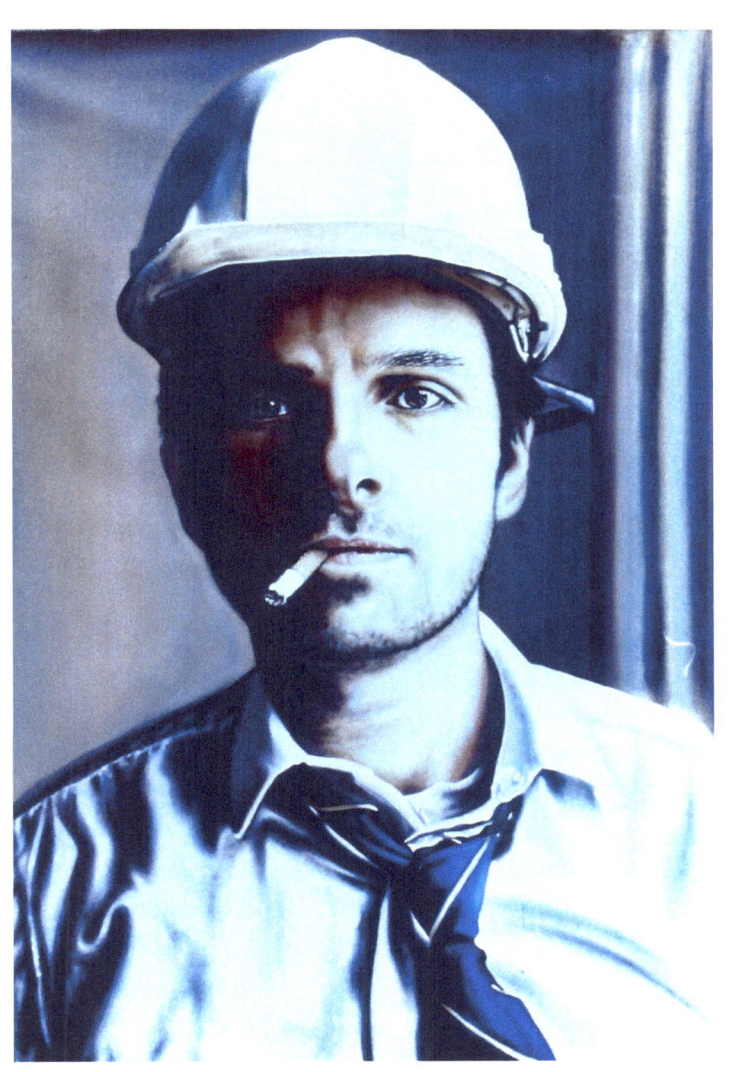

Autoportrait en portion de frites, 2000, acrylique sur toile, 210 x 140 cm

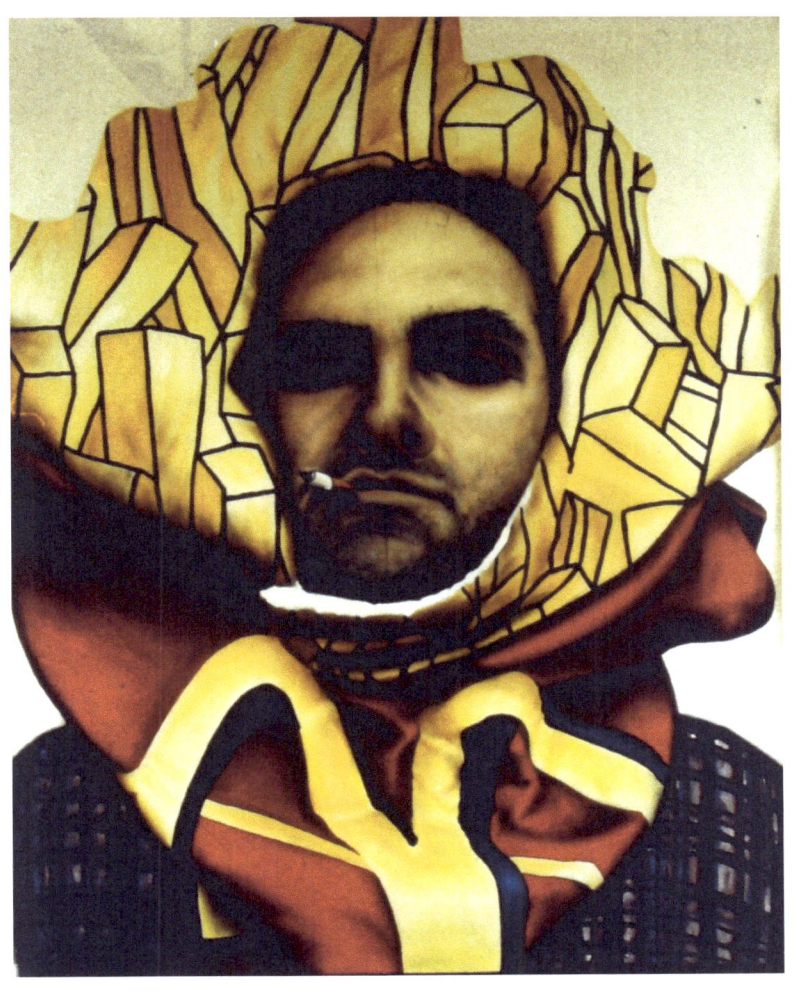

Autoportrait en hôtesse de l'air, 2000, acrylique sur toile, 200 x 150 cm

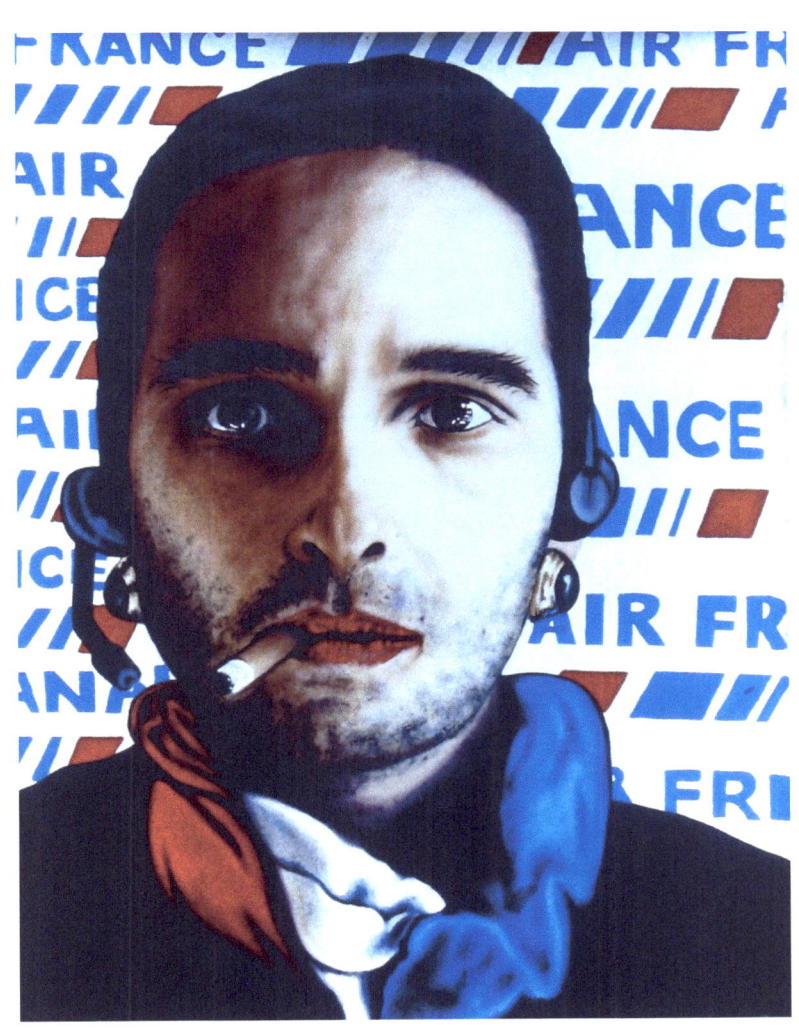

Autoportrait en ouvrier Coréen, 1998, acrylique sur toile, 200 x 140 cm

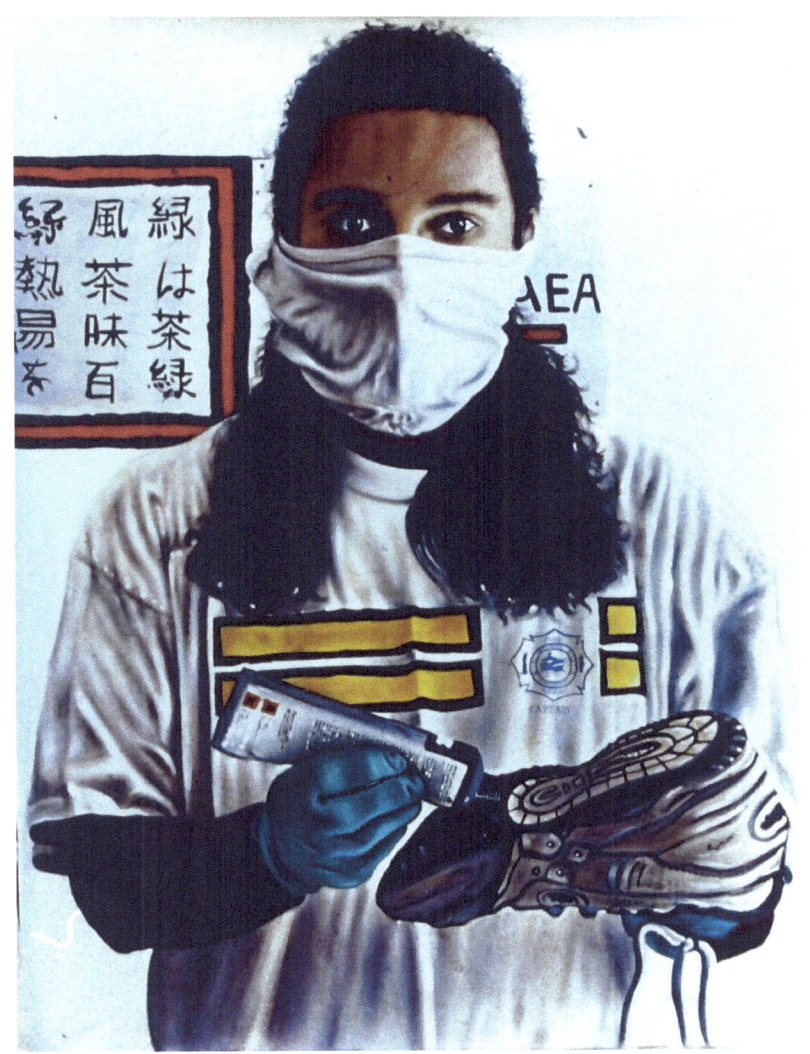

Autoportrait en Playmobil, 2000, acrylique sur toile, 190 x 150 cm

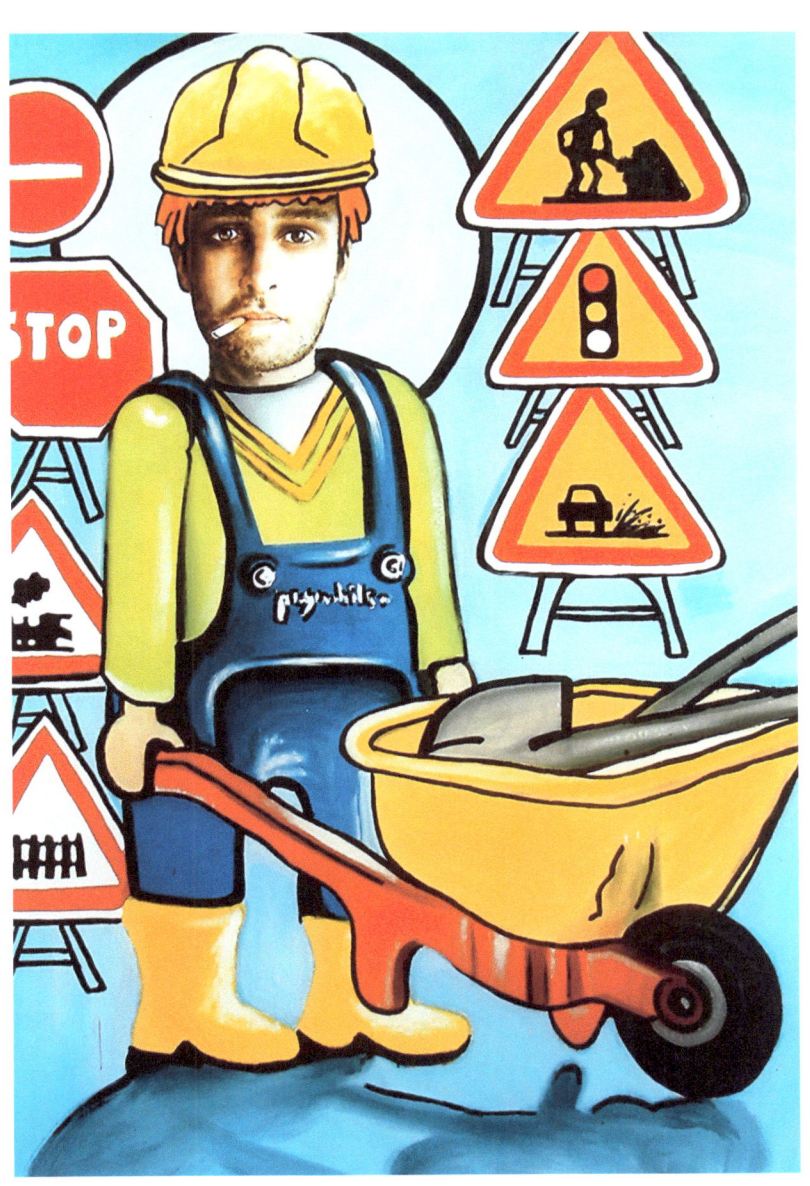

Autoportrait en Dalaï-lama, 2000, acrylique sur toile,
190 x 150 cm

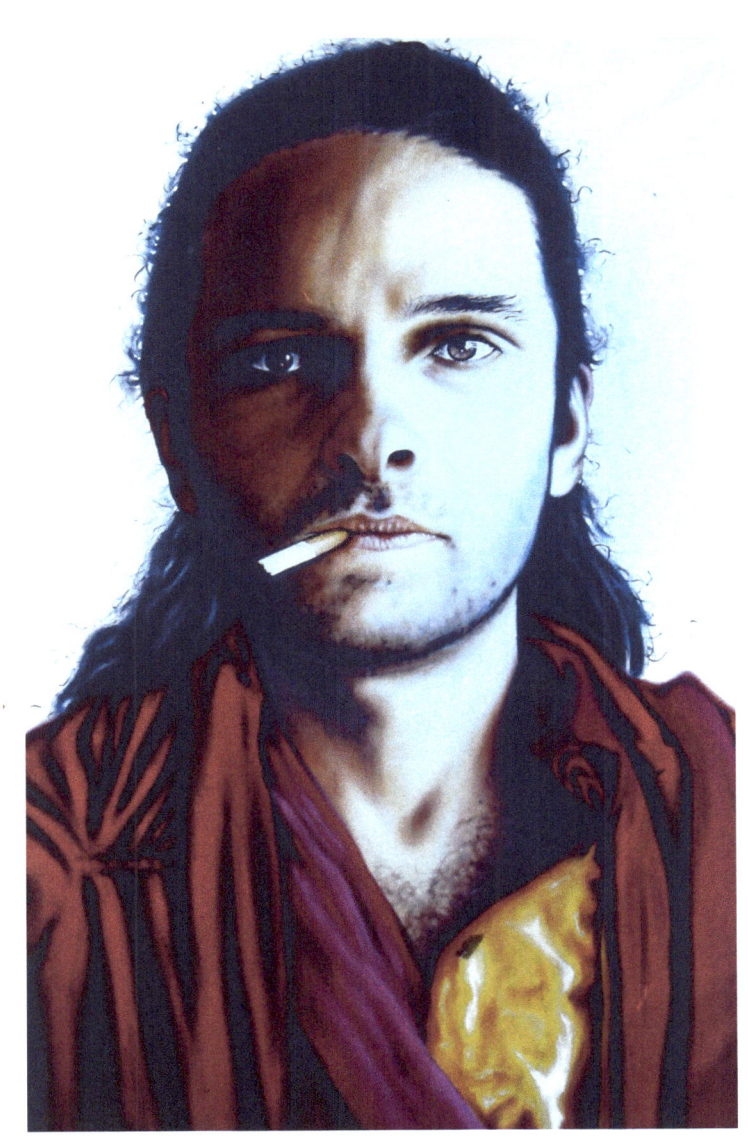

Autoportrait en Pokemon, 1999, acrylique sur toile, 180 x 150 cm

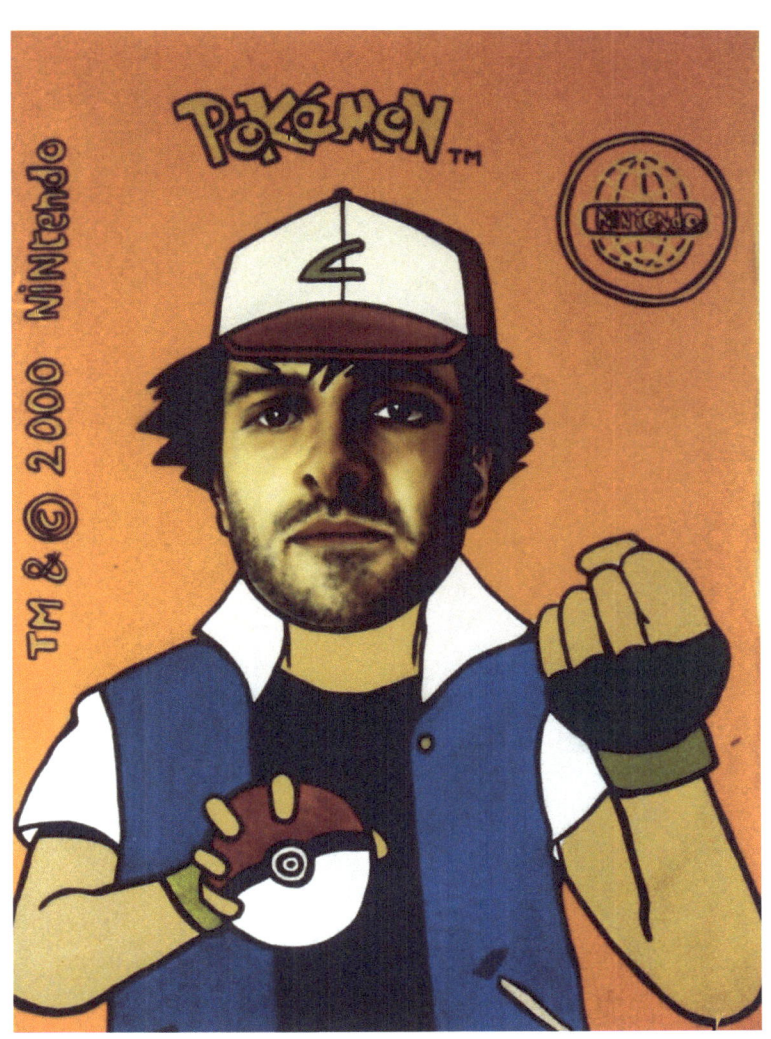

Autoportrait en mariée Mc Donald, 2001, acrylique sur toile, 150 x 180 cm

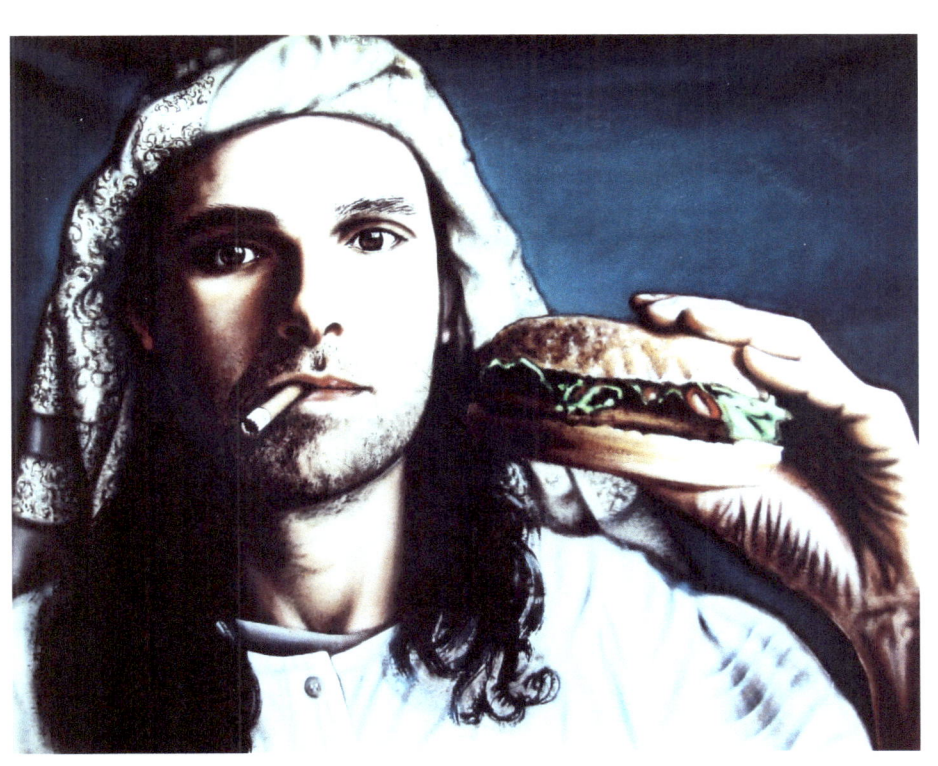

Autoportrait en Al the Builder, 2000, acrylique sur toile, 190 x 190 cm

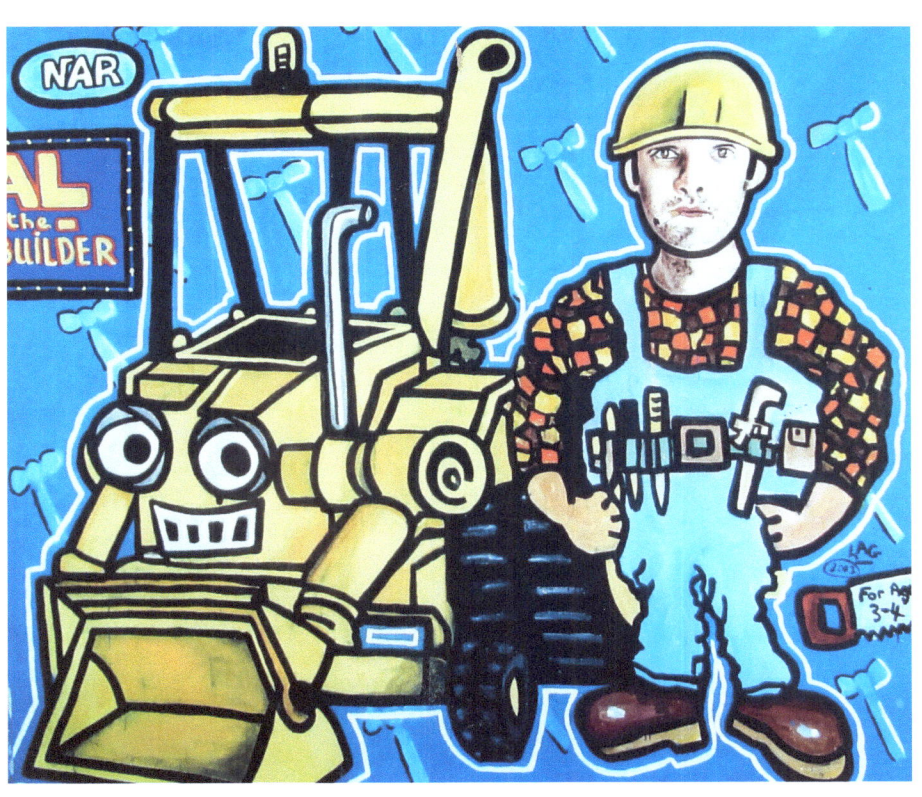

Travailler pour le United States Postal Service, 2001, acrylique sur toile, 190 x 150 cm

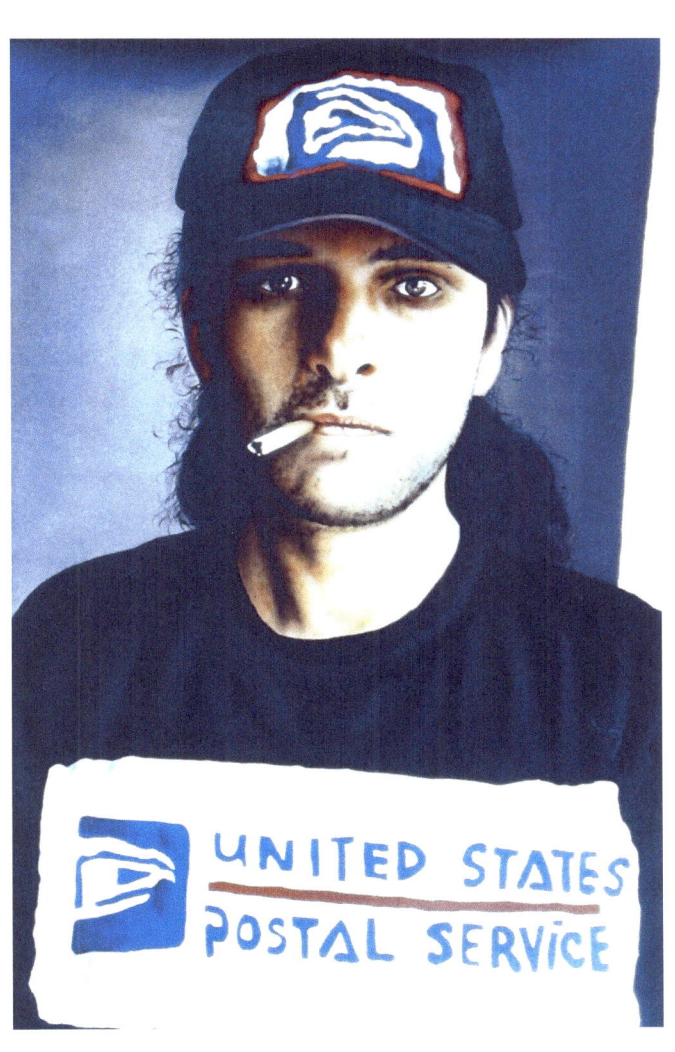

Autoportrait au pinceau et à la cigarette, 2000, acrylique sur toile, 203 x 151 cm

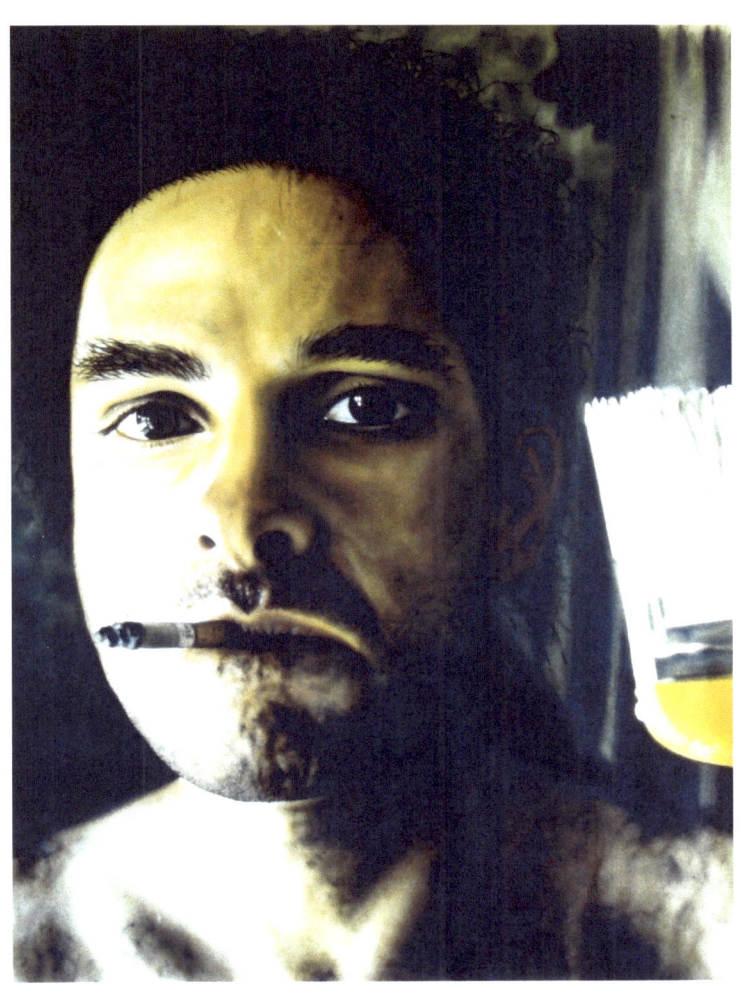

Autoportrait en leader de gang, 2001, acrylique sur toile, 190 x 150 cm

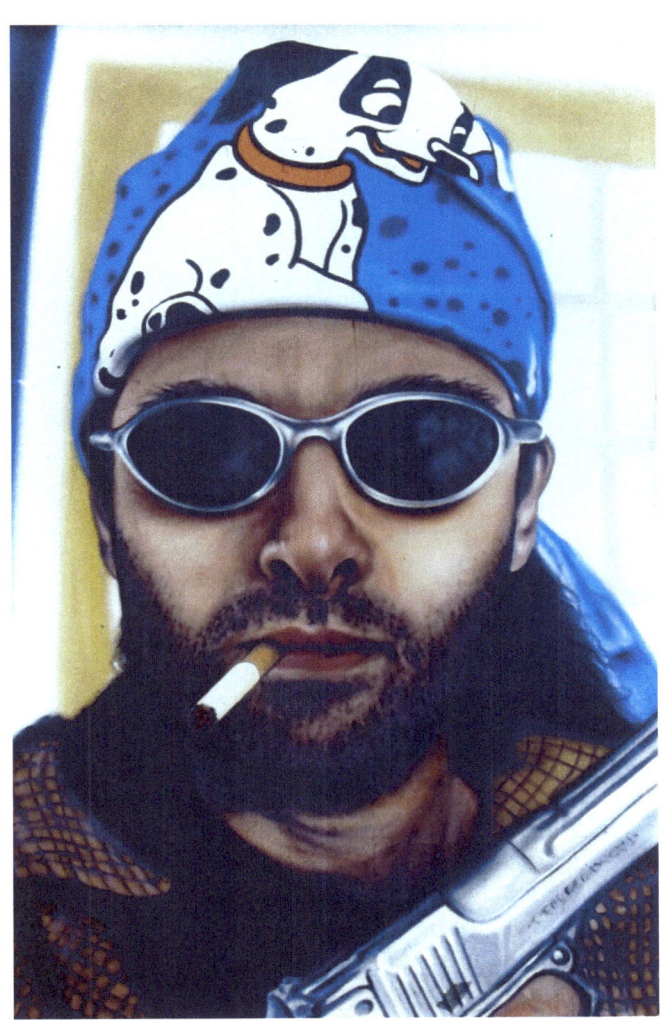

Autoportrait avec brosse à dent et appareil photo, 2000, acrylique sur toile, 200 x 140 cm

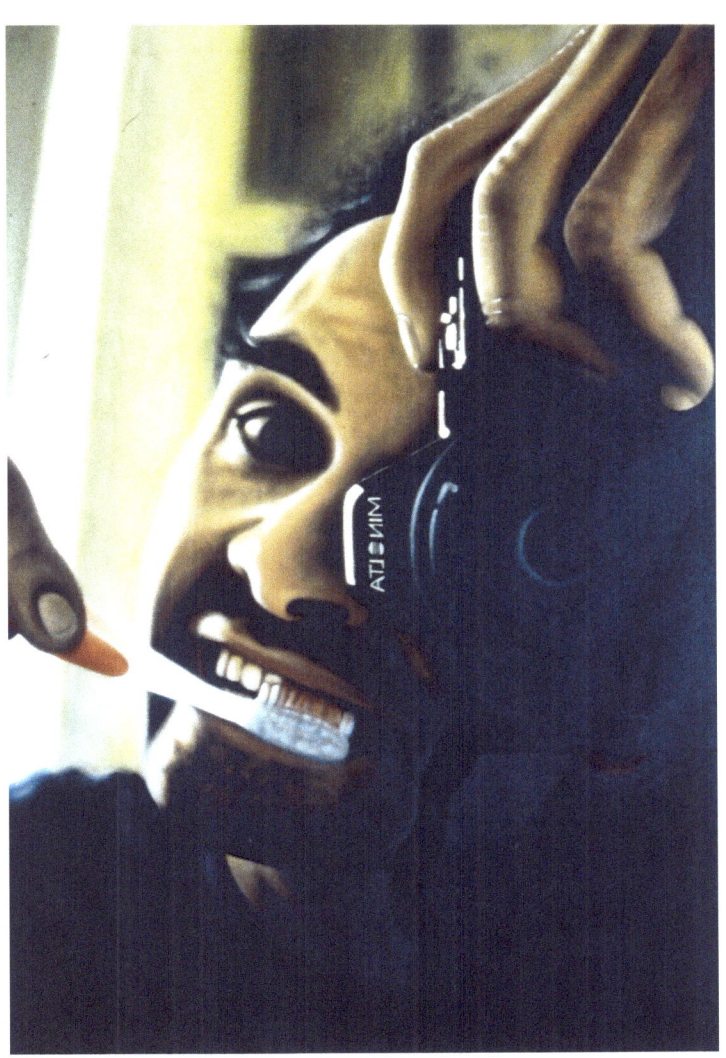

Choisir son identification: le Lama-Geisha, 2000, acrylique sur toile, 190 x 150 cm

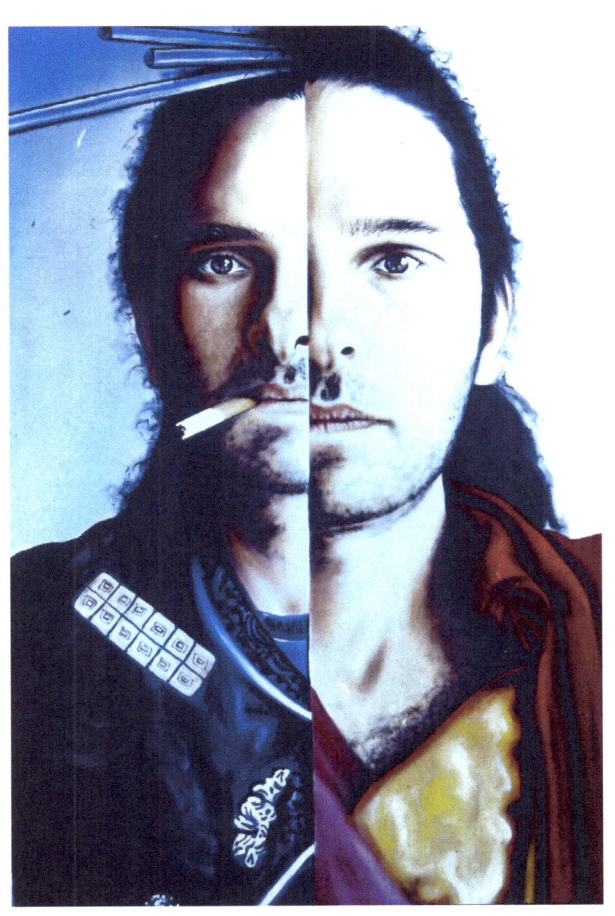

Travailler à Disneyland, 2001, acrylique sur toile, 190 x 150 cm

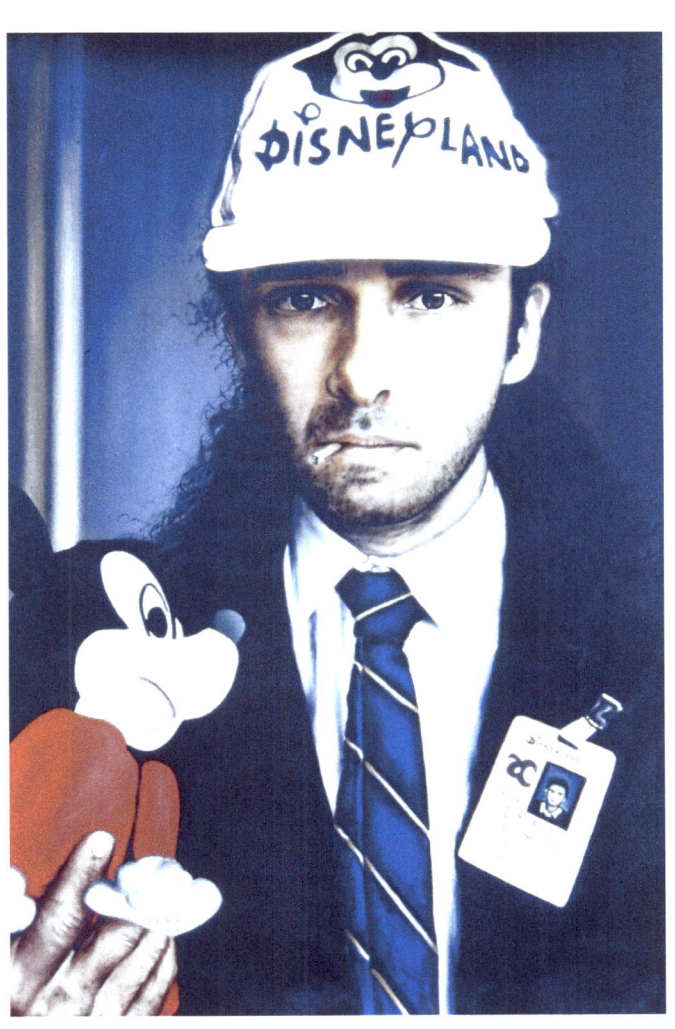

Raphrent, 2000, acrylique sur toile, 190 x 150 cm

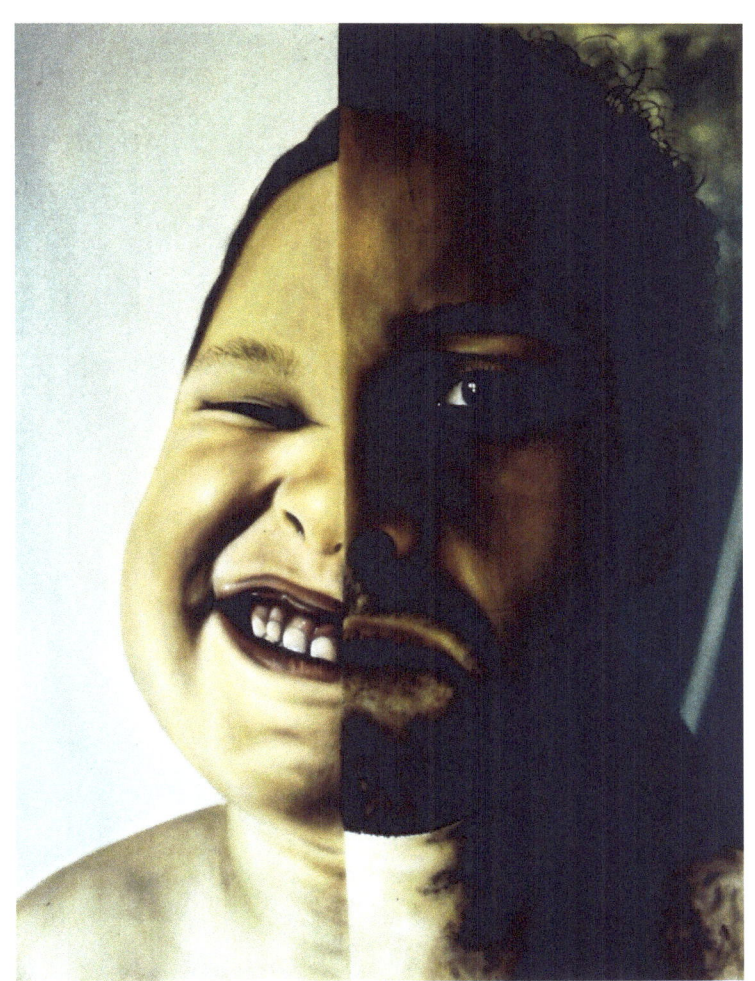

Can't you shave !, 2000, acrylique sur toile, 190 x 150 cm

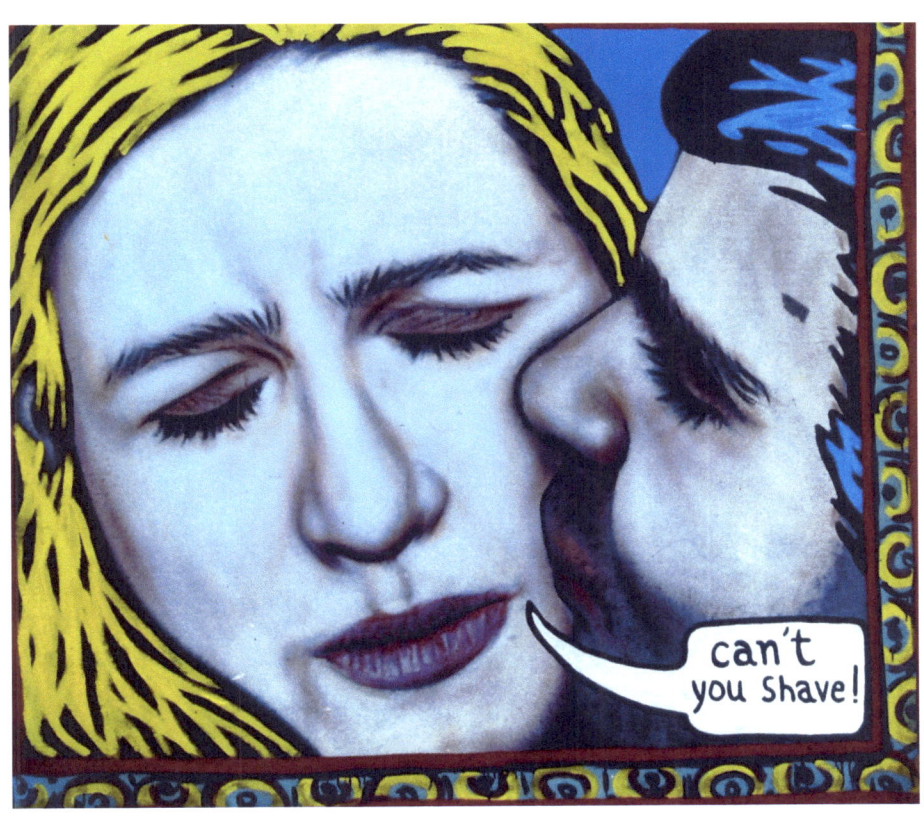

Autoportrait aux Ray-Ban, 2000, acrylique sur toile, 230 x 145 cm

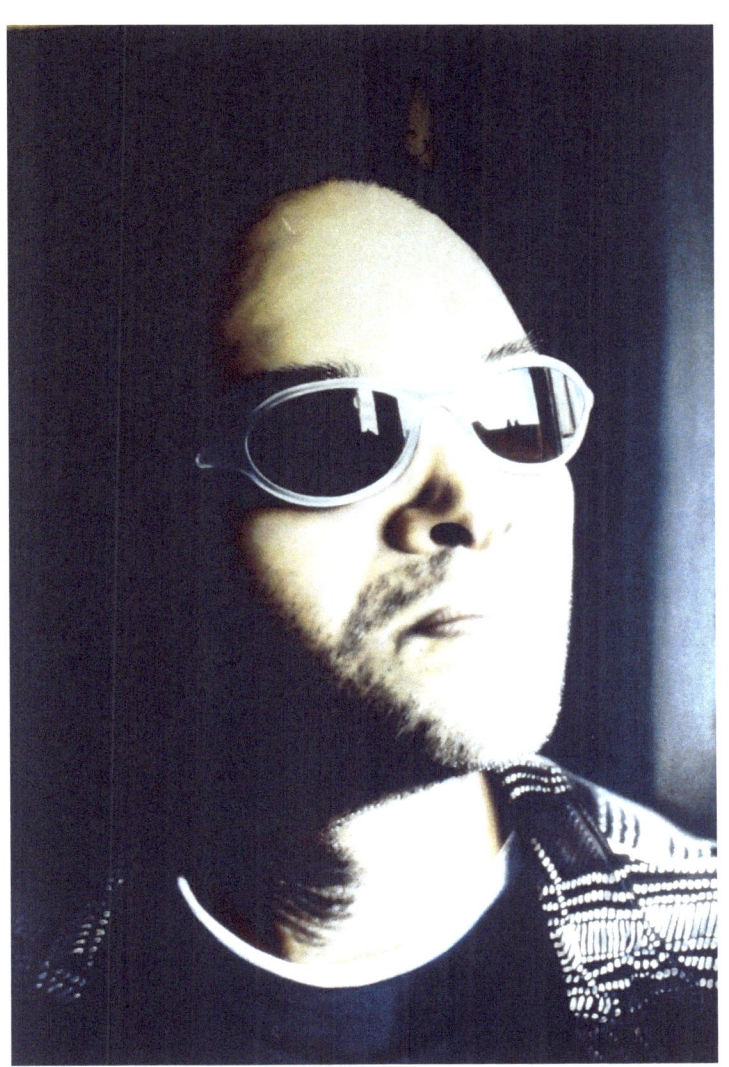

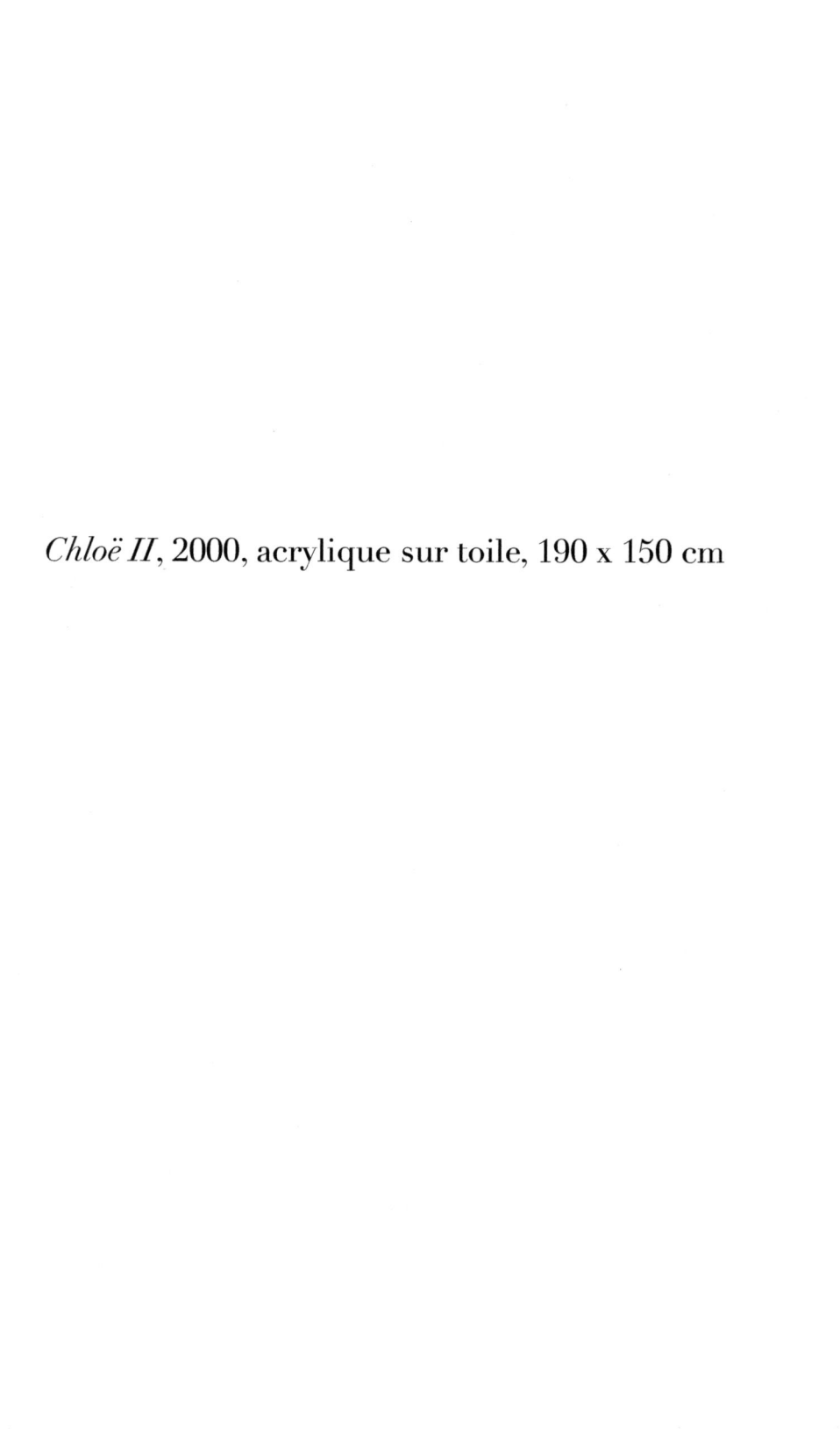

Chloë II, 2000, acrylique sur toile, 190 x 150 cm

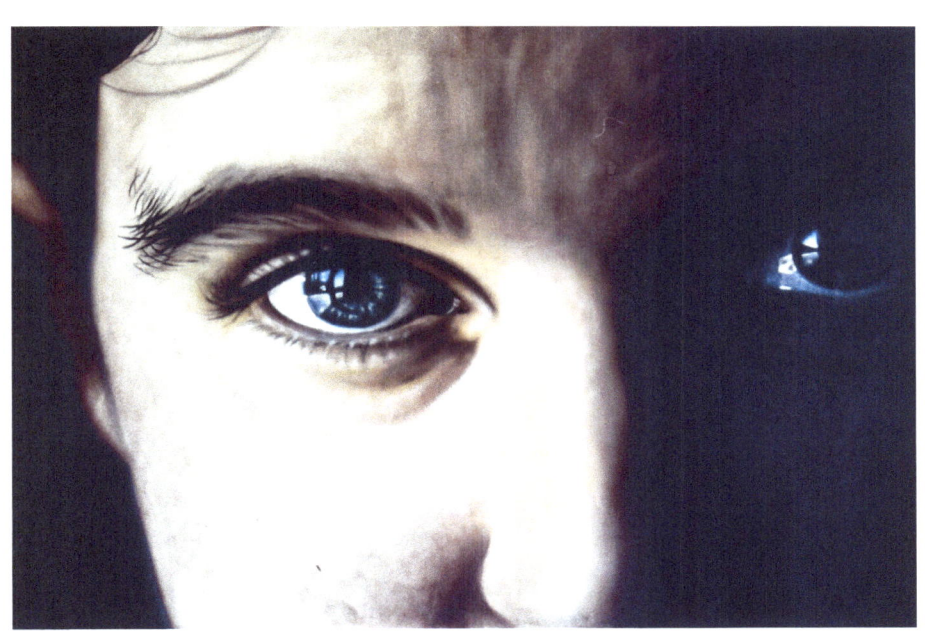

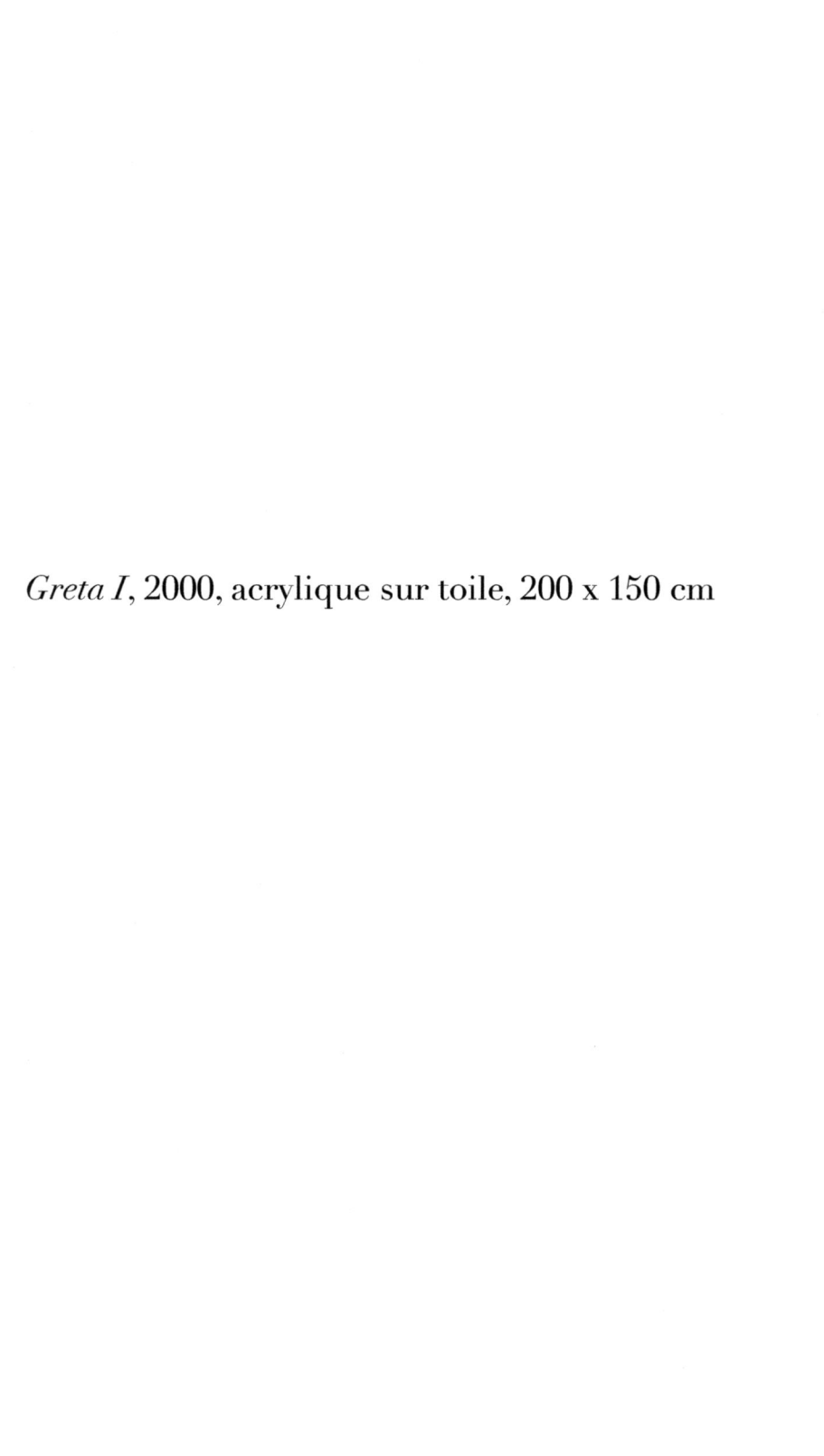

Greta I, 2000, acrylique sur toile, 200 x 150 cm

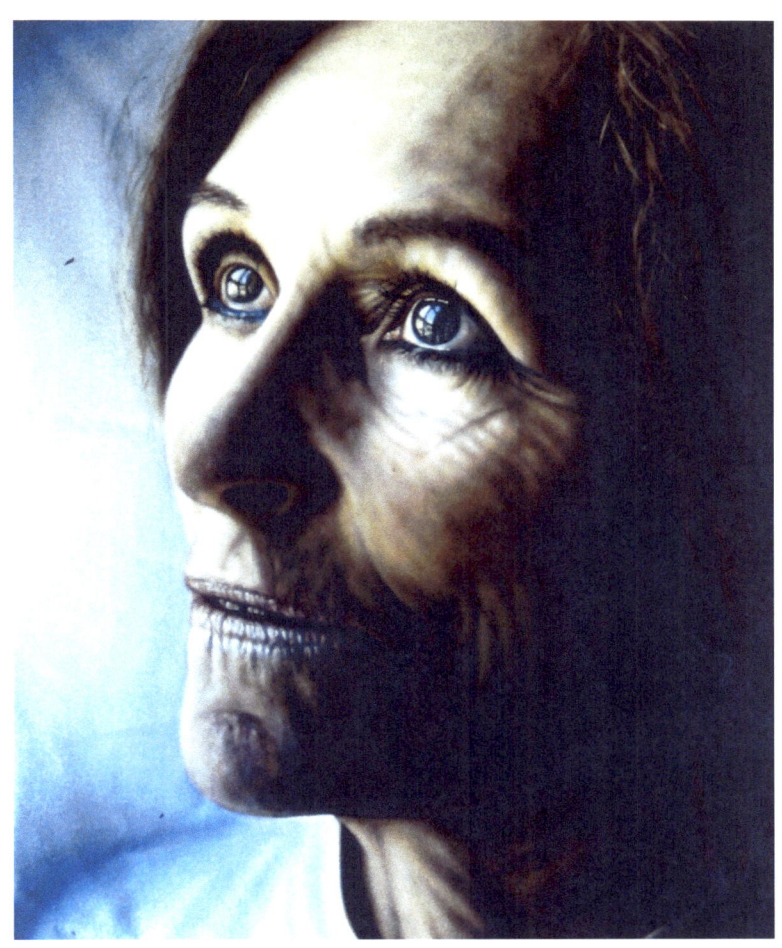

Gilles, 2001, acrylique sur toile, 240 x 150 cm

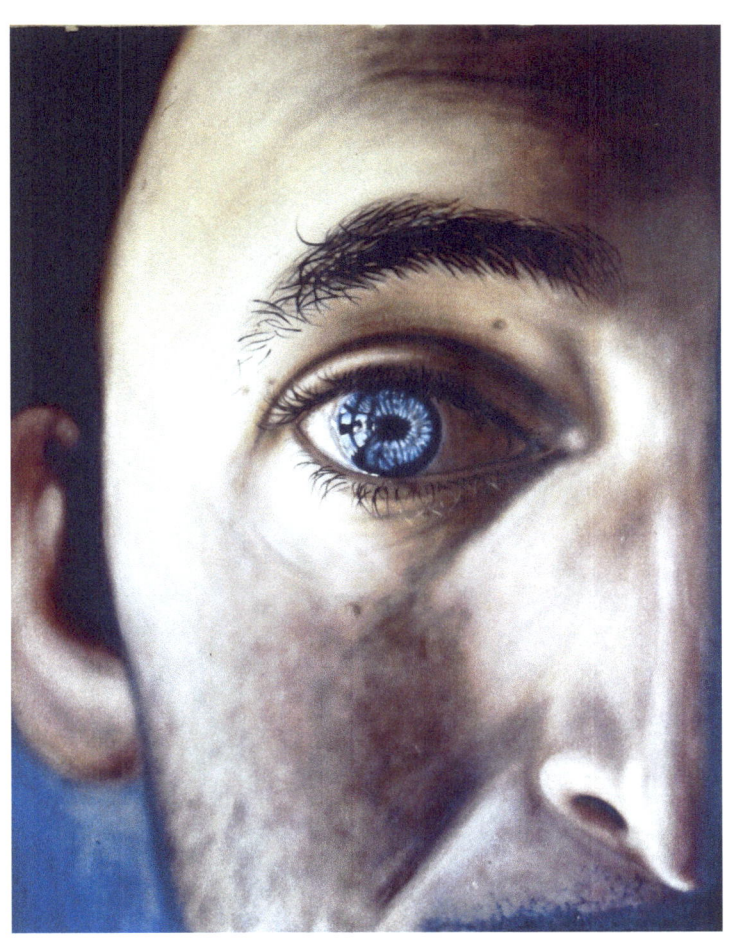

Greta II, 2000, acrylique sur toile, 190 x 150 cm

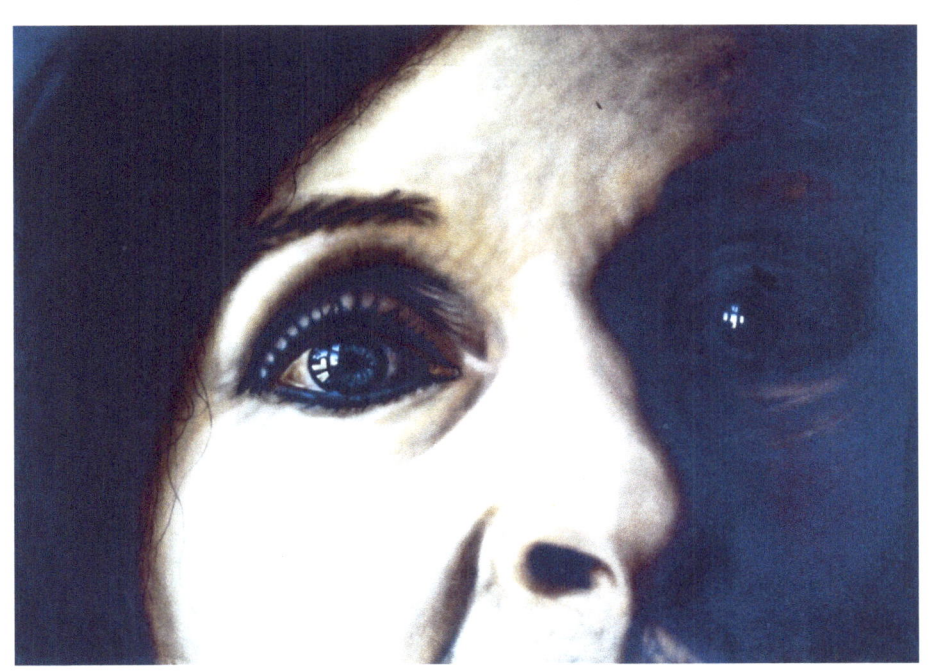

Yanka, 2000, acrylique sur toile, 190 x 150 cm

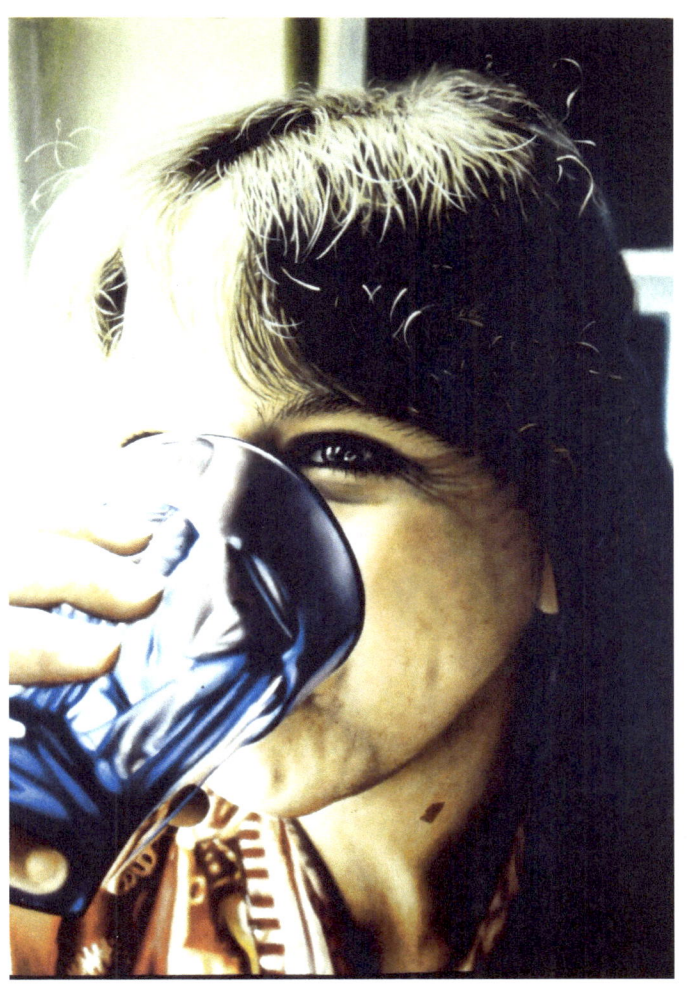

Chloë, 2000, acrylique sur toile, 250 x 180 cm

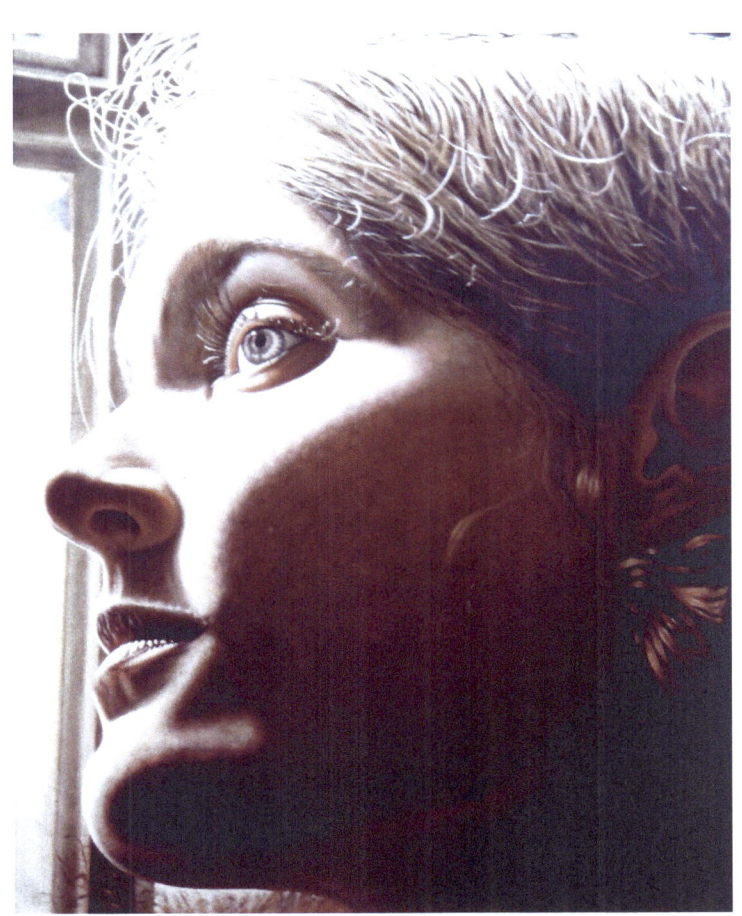

Marie, 2001, acrylique sur toile, 130 x 170 cm

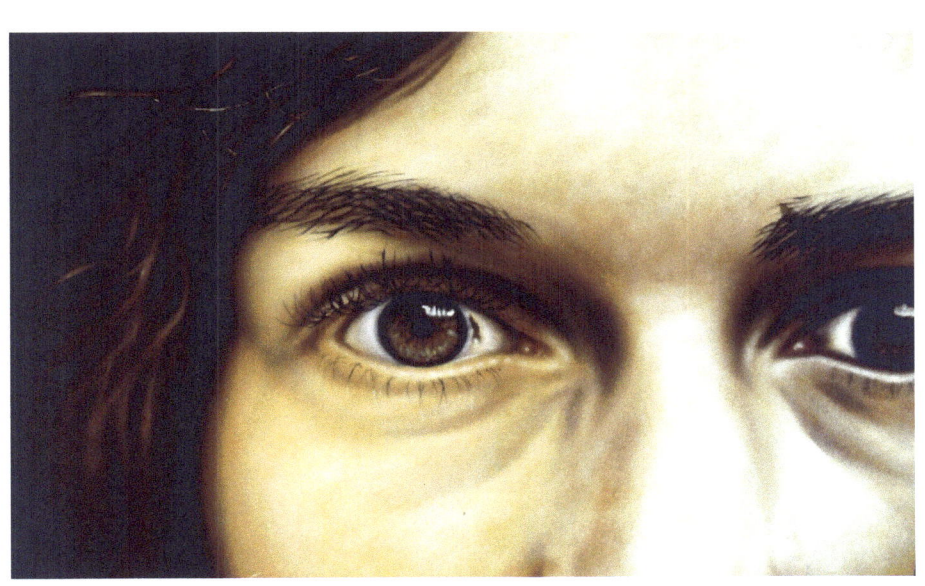

Autoportrait, Sans titre, 2000, acrylique sur toile, 200 x 120 cm

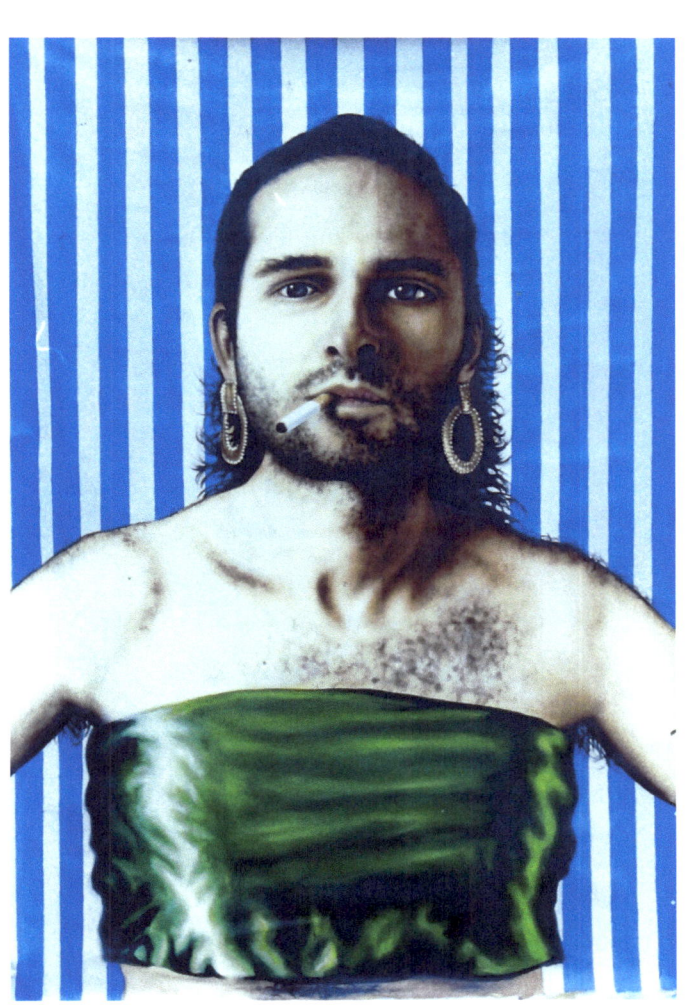

Chloë avec lunettes de soleil, 2000, acrylique sur toile, 190 x 150 cm

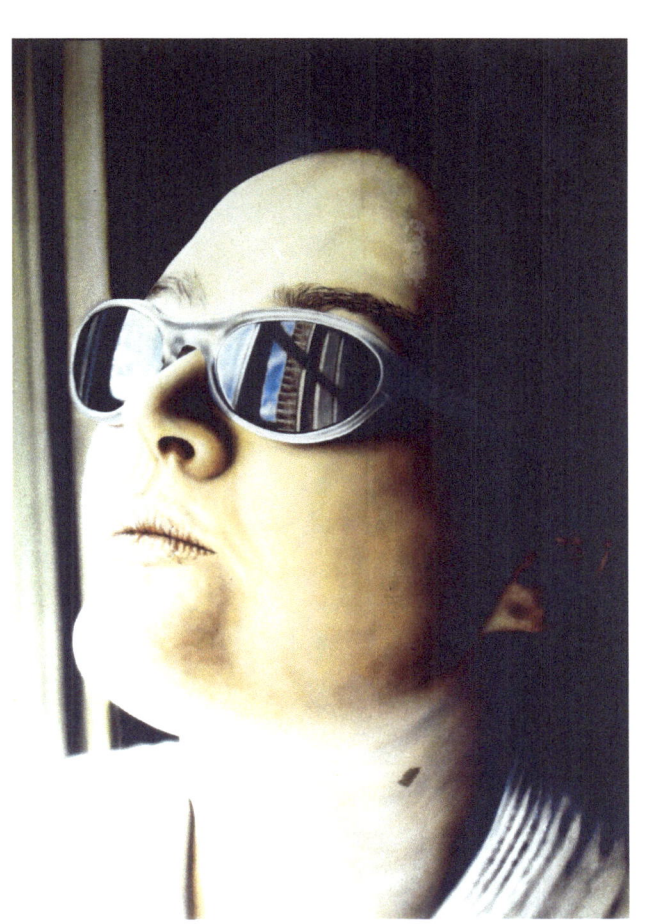

Dégradation figurative de l'autoportrait au rasoir et appareil photo, 2001, acrylique sur toile, 195 x 145 cm

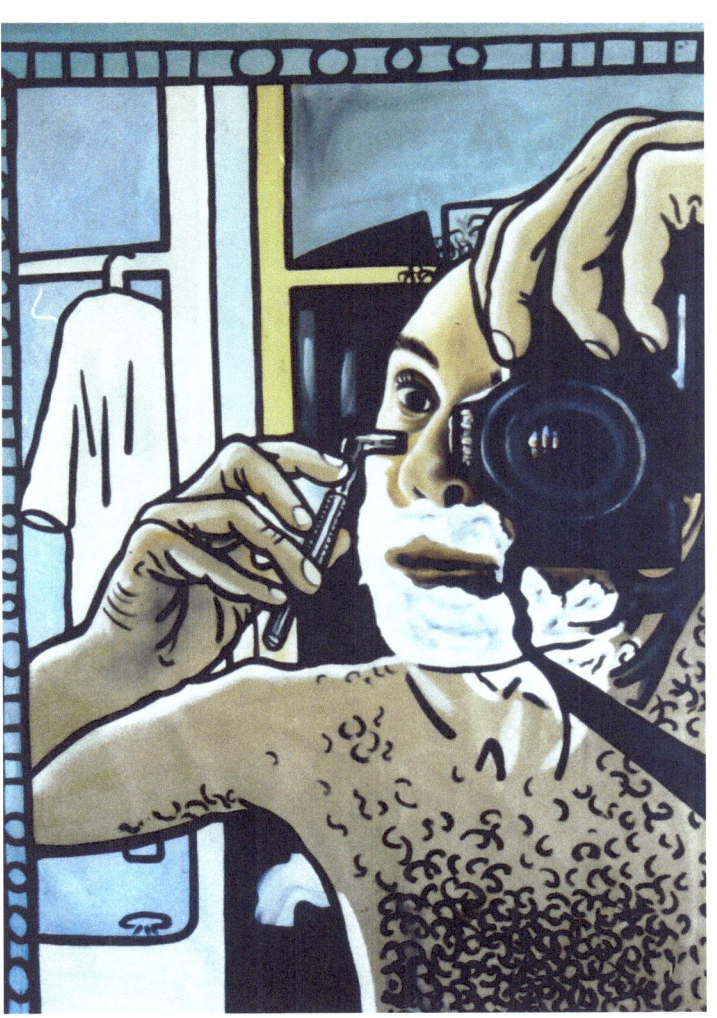

Table des matières

Raphrent, 2000, acrylique sur toile, 190 x 150 cm
Can't you shave !, 2000, acrylique sur toile, 190 x 150 cm
Autoportrait aux Ray-Ban, 2000, acrylique sur toile, 230 x 145 cm
Chloë II, 2000, acrylique sur toile, 190 x 150 cm
Greta I, 2000, acrylique sur toile, 200 x 150 cm
Gilles, 2001, acrylique sur toile, 240 x 150 cm
Greta II, 2000, acrylique sur toile, 190 x 150 cm
Yanka, 2000, acrylique sur toile, 190 x 150 cm
Chloë, 2000, acrylique sur toile, 250 x 180 cm
Marie, 2001, acrylique sur toile, 130 x 170 cm
Autoportrait, Sans titre, 2000, acrylique sur toile, 200 x 120 cm
Chloë avec lunettes de soleil, 2000, acrylique sur toile, 190 x 150 cm
Dégradation figurative de l'autoportrait au rasoir et appareil photo, 2001, acrylique sur toile, 195 x 145 cm

À propos de l'artiste

Laurent La Gamba est un artiste et photographe conceptuel français né le 23 janvier 1967.

Après des études littéraires à la Sorbonne à Paris (1993-98), des voyages à l'étranger et notamment à Los Angeles ou il séjourne un temps, il commence à peindre dans la veine de la figuration libre. Première exposition à Marsanne (Drôme, 1995).

Laurent La Gamba s'installe à Monléon-Magnoac en 1995. Sa peinture évolue en lien avec la photographie : des grands formats acryliques que l'on pourrait apparenter à l'hyperréalisme américain, portraits en gros plan de son entourage familial et de voisinage. En 2001, il s'attaque dans le même esprit à une série d'autoportraits caustiques, ou cigarette à la bouche, à partir de son visage peint hyperréaliste, il se transforme en hôtesse de l'air, ouvrier, manager de Mc Donald, femme afghane...Les attributs et fonds sont peints hâtivement. Il poursuit cette série en utilisant le photomontage dans un mix photographie et peinture (Exposition Chambre de Commerce, Tarbes, 2001). Des écrits de Jacques Lacan accompagnent ses productions. Ce travail le fait basculer vers la photographie conceptuelle. En témoignent ses premiers Camouflages in situ et Homochromies qu'il développe en obtenant les bourses de Pollock-Krasner Fondation de New York et de la Fondation de la Napoule-Mandelieu (2001-2002). Il habille des personnages (ou lui-même) d'éléments peints grossièrement qui leur permettent de se fondre dans des environnements divers. D'abord des portraits placés devant des fonds également peints (2001), puis à partir de 2002 des procédés de plus en plus élaborés, en intérieur ou extérieurs, ou le camouflage du corps peint s'intègre à l'environnement. Par exemple dans des supermarchés, des aéroports, devant des voitures ou des paysages, intégrés à un réfrigérateur ou une cuisinière. Depuis le Magnoac, il mène une carrière dense en France et à l'étranger, en particulier aux États-Unis dans des Musées et Centres d'art Contemporain (Plusieurs prix en 2003 à San Diego, Helena, Winchester). Il complète son travail par installations et vidéos. Expositions personnels récentes a New York, Anchorage, Montréal, Taiwan (Juming Musem, 2006) Portland (2006). Sur l'homme et la société il porte un regard militant, aux limites de la critique sociale. (Sylvio Brianti, Traces d'artistes, Dictionnaire de l'art moderne et contemporain, , Édicité/Cité4, 2010).ISBN 9782916650104

Laurent La Gamba
Portraits and Autoportraits
1998 - 2001

Copyright © Laurent La Gamba, 2014

ISBN: 978-1500779665